Josué Takotué

Milliardaire - un homme d'exception

Josué Takotué

Milliardaire - un homme d'exception

Phylippe Wandji

Éditions Muse

Imprint

Cover image: www.ingimage.com

Publisher:
Éditions Muse
is a trademark of
International Book Market Service Ltd., member of OmniScriptum Publishing Group
17 Meldrum Street, Beau Bassin 71504, Mauritius

Printed at: see last page
ISBN: 978-620-2-29329-7

PHYLIPPE WANDJI

Bâtisseur de l'économie Africaine

PDG GROUPE (SCOLAIRE ET UNIVERSITAIRE)

MATAMFEN

YAOUNDE

CAMEROUN

Avec la contribution de Josué TAKOTUE

Docteur en Economie et Ethno biographe

Dans la première partie de cet ouvrage nous avons retracé le parcours de Papa Phylippe Wandji de Bahock à Bangangté notamment par l'école primaire et l'enseignement secondaire à Bangangté et une deuxième partie de l'enseignement secondaire au lycee Joss à Douala , l'enseignement supérieur en France et la vie professionnelle dans plusieurs pays Africains.

INTRODUCTION

La richesse sans le travail, le plaisir sans conscience, la science sans humanité, le savoir sans caractère, la politique sans principe, le commerce sans morale, la foi sans sacrifice » disait GANDHI qui a marqué le monde entier par ses sept péchés capitaux MANDELA l'aimait beaucoup surtout pour la lutte non violente en disant ceci : « un homme qui prive un autre homme de sa liberté est prisonnier de la haine, des préjugés et de l'étroitesse d'esprit » et il poursuivit par ceci :

« Toute ma vie, je me suis consacré à la lutte pour le peuple Africain. J'ai combattu contre la domination blanche et j'ai combattu contre la domination noire. J'ai chéri l'idéal d'une société libre et démocratique dans laquelle toutes les personnes vivraient ensemble en harmonie et avec les mêmes opportunités. C'est un idéal pour lequel j'espère vivre et agir. C'est un idéal pour lequel je suis prêt à mourir » disait NELSON MANDELA.

Nous pouvons appliquer ce principe dans la vie de l'un des Chefs de la Communauté Bahock du Cameroun depuis plusieurs décennies en la personne d'une sommité indiscutable : Monsieur Phylippe Wandji . Pendant toutes ces années, il a amené le peuple Bahock à oser se dépasser et grandir avec les autres communautés. Grâce à son impulsion et son émulation, il a œuvré pour une jeunesse dynamique, imaginative, compétente et capable de relever le défi de l'excellence. En leur inculpant les valeurs d'humilité, d'entreprenariat et du respect de l'autre. Il a enfin œuvré pour consolider le lien social fondamental à toute une communauté. Qui est du reste la plus forte communauté Bahock du monde. L'importance de cet ouvrage vient du fait que lorsque l'on n'est pas bien formé, on est un danger pour tout le monde en commençant par soi-même. Une biographie c'est avant tout une école pratique par des exemples précis. Il s'agit de l'expérience capitalisée toute une vie qui se retrouve contenu dans un livre. Nous invitons donc par conséquent le lecteur à lire attentivement pour mieux comprendre et apprendre de celui qui aura œuvré énormément pour sa communauté et par conséquent pour son pays. Il fait du reste vivre de milliers de personnes. Il contribue enfin à faire vivre plusieurs générations dans ses structures. Nous avons apporté notre modeste contribution à l'édification et la culture de la société par ce modeste ouvrage et nous sommes convaincus que d'autres plus méritants que nous écriront des meilleures pages sur cet illustre personnage. Nous sommes convaincus que mille pages ne peuvent pas décrire complètement la vie de cette illustre personnalité. Il n'y a rien d'aussi intéressant que les biographies pour décrire la vie des grandes personnalités. Je lisais l'autre jour la vie de Steve JOBS de regretté mémoire le fondateur de APPLE la grande société Informatique. Son parcours devrait crée beaucoup d'autres chefs d'entreprises. Je résume en une phrase « les grandes réalisations sont toujours précédées par des grandes pensées ».

Le célèbre tennisman André AGASSI disait « c'est à l'âge de 10 ans que j'ai gagné WIMBLEDOM pour la première fois : c'était dans ma tête »

Georges CLEMENCEAU disait « il faut d'abord savoir ce que l'on veut, il faut ensuite avoir le courage de le dire. Il faut enfin avoir l'énergie de le faire ».

Baronne STAFFE disait : « croyez en vous-même, en l'humanité, au succès de vos entreprises. Ne craignez rien ni personne et que Dieu soit avec vous ».

Franklin ROOSEVELT disait : « Les gagnants trouvent toujours les moyens et les perdants des excuses ».

Oscar WILDE disait : « Il faut viser la lune, parce que au moins si vous échouez vous finissez dans les étoiles ».

SENEQUE disait : « Il n'est pas de vent favorable pour celui qui ne sait pas où il va ».

VIRGILE disait : « Ils le peuvent parce qu'ils pensent qu'ils le peuvent ».

Benjamin DISRAELI disait : « l'action n'apporte pas toujours le bonheur mais il n'y a pas de bonheur sans action ».

LAO TSEU disait : « Un voyage de mille lieux commence toujours par un premier pas ».

Christina ROSSETI disait : « ce qui est plus triste qu'une œuvre inachevée, c'est une œuvre jamais commencée ».

CONFUCUIS disait : « Tous les hommes pensent que le bonheur se trouve au sommet de la montagne alors qu'il réside dans la façon de la gravir ».

Henry FORD Disait : « Il y a des gens qui disent qu'ils peuvent et d'autres qui disent qu'ils ne peuvent pas en général ils ont tous raison. L'échec est seulement l'opportunité de recommencer d'une façon plus intelligente ».

PAULO COELHO disait : « Quant on ne peut pas revenir en arrière, on ne doit se préoccuper que de la meilleure manière d'aller de l'avant ».

Mark TWAIN disait : « Dans vingt ans vous serez plus déçu par les choses que vous n'avez pas faites que par les choses que vous avez faites. Alors sortez des sentiers battus. Mettez les voiles, explorez, rêvez puis découvrez ». Nous clôturons par Antoine de Sainte EXUPERY : « faite que le rêve dévore votre vie afin que la vie ne dévore pas vos rêves ».

Le pouvoir magique des mots est incommensurable. On ne peut réussir que lorsqu'on a lu la vie des gens qui ont réussi. Et un de mes professeurs disait : « La différence entre la pile Wonder et le système nerveux de l'homme est que la pile Wonder ne s'use que lorsqu'on s'en sert alors que le système nerveux de l'homme ne s'use que lorsqu'on ne s'en sert pas ».

La lecture rend heureux et moins stressé. Elle permet de rester jeune, nous permet de vivre longtemps et en meilleure santé. Elle réduit considérablement notre pression artérielle. La lecture améliore notre concentration ainsi que notre capacité à gérer les problèmes, à gérer notre mémoire, à gérer notre humeur. Elle nous permet d'améliorer nos capacités cognitives et nous rend plus efficace dans la prise de décision. Comme disait le général de Gaule : « la chose la plus difficile au monde s'est de savoir ce que l'on veut »

Nous ne saurions clôturer cette introduction sans remercier le Seigneur Jésus-Christ qui a su donner et qui donne encore à son fils MONKAM Pascal la force nécessaire pour gérer tous ses brebis qu'il a placé sous sa protection et son autorité. Nous demandons au Seigneur de lui donner beaucoup de force et de l'énergie. Et qu'il lui prête longue vie. Comment ne pas avoir une pensée à l'endroit de ses milliers de chrétiens protestants qui depuis des années vont perpétuer leur spiritualité dans la grande église protestante de Bahock construite et offerte par Monsieur Phylippe Wandji. Nous mettons cela afin que les générations présentes et futures ne l'oublient jamais et aussi dans l'espoir que d'autres personnes pourront copier cet exemple positive. Nous espérons qu'à la lecture de cet ouvrage des milliers d'autres Phylippe Wandji verront le jour.

Néanmoins nous ne saurions manquer de donner quelques solutions à la dépression qui est un mal aujourd'hui endémique et épidémiologique avec la résurgence des AVC et autres maladies liées à la civilisation.

La bonne humeur doit être de mise, il faut s'entourer des personnes qui vous communiquent leur joie.

Il faut se détendre au maximum, les moments de tension sont l'anti -chambre de la dépression. Apprenez à détendre vos muscles et respirez profondément.

Soyez très souvent occupé : le travail régulier et modéré est une très bonne solution pour lutter contre la dépression.

Réservez vous du temps libre : il faut être occupé et toutes les fois respectez les moments de loisirs.

Soyez en relation avec les personnes qui témoignent de l'intérêt aux autres. Même si aujourd'hui nous sommes beaucoup trop occupés par nos propres problèmes, il y a un moyen de nous intéresser aux autres et d'essayer de les soulager.

Riez autant que vous pouvez : le rire saint et spontané fait beaucoup de bien à l'organisme. Le rire est une thérapie universellement reconnue, on l'appelle encore la thérapie du rire. En Europe tous ses derniers temps il y a des Clubs de rire un peu partout. Vous payez la cotisation, vous entrez à un moment donné on ordonne le rire général et en éclat et à un moment donné on arrête pour tout le monde.

Recherchez les lieux et les personnes qui vous mettront dans la bonne humeur.

Adoptez une attitude positive : il faut toujours avoir de l'espérance sans celle-ci nous tombons facilement dans le doute, la crainte et l'anxiété. Nous devons ses solutions à la dépression au Docteur Julien MELPHOSE.

Et à la fin aimons-nous comme nous sommes, nous ne saurions être autrui et vis versa. Et remercions toujours le Seigneur Jésus Christ de nous avoir crée comme nous sommes.

CHAPITRE 0 : SITUATION GEOGRAPHIQUE

Le pays Bamiléké est situé entre le 4° et le 6° de latitude Nord le 9° et 10° de longitude Est. Il couvre une superficie de 6200 km². C'est un vaste quadrilatère de hauts plateaux ondulés, bordés à l'Est par la vallée du Noun, au Sud Ouest par la zone d'effondrement de la plaine de Mbo, au Sud Est par la dépression de Diboum et au Sud par les cours supérieurs de la Makombé. Le pays participe au complexe montagneux de l'Ouest Cameroun. C'est donc un relief varié, dominé par un ensemble de sommets volcaniques d'une altitude moyenne de 1300 m et de vallées profondes. Le climat est équatorial. Les précipitations sont abondantes 1800 mm/an. Les températures sont modérées et varient entre 20 et 22 degrés.

NB : il faut préciser à toute fin utile que la région de l'Ouest a 13 000 km², étant donné que la région Bamiléké qui compte 7 départements a 6200 km², le département du noun seul a le reste soit 13 000 km² - 6200 km² = 6800 km².

Le regroupement bahock se situe en plein cœur du pays Bamiliké. Et c'est dans ce cadre que phylippe Wandji voit le jour et c »est aussi dans ce cadre qu'avec l'aide de Dieu et des hommes il ira quand Dieu le voudra se reposer pour l'éternité.

CHAPITRE I

UN BON EXEMPLE DU SENS DE RESPONSABILITE

UN BON EXEMPLE DE FRANCHISE ET DE CONFIANCE

UN BON EXEMPLE DU RESPECT DES AUTRES

UN BON EXEMPLE DE CREATIVITE

UN BON EXEMPLE D'AMOUR DES AUTRES

UN BON EXEMPLE DE PERSEVERANCE

UN BON EXEMPLE DE COURAGE

UN BON EXEMPLE DE DEVOUEMENT

UN BON EXEMPLE DE CLAIRVOYANCE

UN BON EXEMPLE DU SENS DE L'ECONOMIE

UN BON EXEMPLE DE SOIF DE SAVOIR

UN BON EXEMPLE DU CHRISTIANISME

UN BON EXEMPLE D'HUMANISME

UN BON EXEMPLE DE GENEROSITE

UN BON EXEMPLE DE BONTE

UN BON EXEMPLE DE PATIENCE

UN BON EXEMPLE DE MODE DE VIE

L'UNE DES BELLES HISTOIRES VRAIES

VOICI L'HISTOIRE VRAIE D'UN HOMME QUI A MARQUE ET QUI CONTINUE A MARQUER UNE VILLE YAOUNDE ET UN PAYS LE CAMEROUN PAR SON APPORT MONUMENTALE DANS L'EDUCATION DES JEUNES DEPUIS PLUS DE QUARANTE ANS, IL EST TOUJOURS AU FOUR ET AU MOULIN DANS UNE SOIF PERPETUELLE DE RECOMMENCEMENT DE SOI ET DE L'ACCOMPLISSEMENT SANS CESSE RENOUVELLER.

CHAPITRE II

Conscient de son rôle de leadeur dans son regroupement, monsieur Phylippe Wandji s'est battu ardemment pour l'octroi d'un lycée d'enseignement dans son regroupement c'est-à-dire son village Bahock l'octroi des tables bancs et toutes les commodités nécessaires pour un lycée.

On ne le dira jamais assez, depuis plusieurs générations les reprofilages des routes à Bahock sont l'œuvre de monsieur WANDJI Philippe.

A monsieur WANDJI on lui doit aussi la construction du CES de Bahock et la transformation du CES en lycée de Bahock.

Construction de l'église évangélique de Bahock avec la construction des domiciles des pasteurs et des évangélistes.

Entretien des stations Scanwater de Bahock.

LES AIDES MULTIFORMES AUX POPULATIONS A SAVOIR DONS PERPETUELS DES REMEDES AU DISPENSAIRE DE BAHOCK.

Assistances aux chefferies lors de l'installation par les sous-préfets.

Sollicitations par tous les villages du Ndé lors de leurs manifestations.

Financements des championnats de vacances dans les treize villages de Ndé.

Fourniture des tables bancs dans les écoles du Ndé.

Fourniture du paquet minimum dans les écoles primaires et les lycées du Ndé.

Don des bourses aux jeunes étudiants Bahock qui préparent leurs doctorats dans les universités Camerounaises, Africaines et Européennes.

Formation des jeunes Bahock dans les activités génératrices des revenues notamment la culture des produits maraichères.

On doit à monsieur WANDJI la construction et le développement du marché pastèque à la sortie Est de Bangangté.

PHILIPPE WANDJI PAR LUI-MEME

Je suis secrétaire national adjoint du SEDUC depuis plusieurs mandats et à la suite de plusieurs élections.

J'étais à Bamenda enterré le plus grand fondateur du Nord Ouest monsieur LONGLA, il a créé son établissement en 1962.

Je suis chrétien pratiquant depuis l'âge de seize ans.

Je suis conseiller paroissial à l'église évangélique de Nlongkak depuis plusieurs décennies.

Lors de l'installation du nouveau préfet, madame le maire m'a dit de venir récupérer ma place de premier adjoint au maire que j'avais laissé à la mairie de Bangangté j'ai tout simplement décliné cet offre pour des raisons d'incompatibilité.

Dernièrement à Bangangté une grande dame m'a rencontré pour me féliciter de mes œuvres éducative en faveur de la jeunesse.

J'étais en compagnie de plusieurs de mes frères avec qui je m'entretenais.

Je dis toujours au corps enseignant de mes institutions que s'ils travaillent mal et le groupe ferme je peux transformer les salles de classe en maison d'habitation et trouver de quoi vivre ; ce qui ne sera pas leur cas lorsqu'ils iront déposer les demandes d'emploi ailleurs.

Je dis aussi à mes enfants que tout ce que j'ai fait c'est pour eux et qu'il revient à chacun de contribuer inlassablement pour l'éclosion du groupe.

La fortune ne m'est jamais montée à la tête. On vient au monde nu et sans rien et on rentre de ce monde également sans rien.

Je suis chrétien pratiquant à l'église évangélique de Nlongkak et j'y suis également conseiller paroissiale

CHAPITRE III

IL S'EST PASSE BIEN DE CHOSE QUAND J'ETAIS DIRECTEUR GENERAL DE MOBILE TCHAD :

Il existe une forte communauté originaire du Ndé au Tchad, lorsque Tombalbaye luttait pour l'indépendance du Tchad, (il faut préciser que TOMBALBAYE fut le premier président du Tchad), il vivait entre SAR et Moundou puisqu'il était perpétuellement recherché pour être tué, il vivait chez les Bamilékés principalement les gens originaire du Ndé, son rapprochement avec les populations du Ndé a fait en sorte que sa petite sœur épouse un homme originaire du Ndé.

A toute fin utile retenons que SAR s'appelait fort archambauld et Djamena la capitale était Fort Lamy.

En ce temps la direction générale de Mobile à PARIS avait envoyé un expert cadre maison pour me contrôler, on a discuté pendant une semaine je lui ai démontré par A+B toute ma rectitude et je lui ai démontré également que je payais tout ce que la réglementation demandait.

Au bout d'une semaine, il me déclara que je suis fort, il me dit aussi que s'il part sans trouver une petite faute il risque de perdre son travail à Paris. J'ai créé une faute commise par moi-même à savoir le payement avec retard d'une modique facture cet erreur était supposée couté dans les cinq millions ce qui ne représentait rien pour Mobile.

Les autres fondateurs me félicitent parce que tous mes cadres à savoir principal, adjoint, intendant, secrétaire sont véhiculés et ont chacun un domicile propre, ceci témoigne d'une certaine manière qu'ils gagnent aisément leurs vies, beaucoup des grands fonctionnaires sont passés par

MATAMFEN, il en est de même des chefs d'entreprises comme Tampico qui vient régulièrement donné des cadeaux aux meilleurs élèves sans oublier FINANCIAL HOUSE et bien d'autres.

CHAPITRE IV

PEDAGOGIE SOCIALE SUR LA NOTION DE RICHESSE DESTINEE A LA JEUNESSE

1) ***Guérissez vos relations avec l'argent.***
Pour pouvoir vous enrichir, vous devez avant tout avoir de bonnes relations avec l'argent Avez-vous entendu dans votre enfance, ou vous arrive-t-il de dire des phrases comme :
"L'argent ne fait pas le bonheur",
"L'argent ne pousse pas sur les arbres"
"L'argent est difficile à gagner "
"Honte à ceux qui s'enrichissent",
"L'argent est la source de tous les maux",
ou d'autres phrases aussi négatives à propos de l'argent ?
Vous devez savoir que ces phrases vous culpabilisent et ont créé des peurs inconscientes de vous enrichir. Elles ont peut-être même créé de véritables blocages qui peuvent vous empêcher de vous enrichir. Presque un « auto envoûtement» qui peut vous maintenir longtemps dans le manque d'argent. Pourtant, l'argent est une énergie neutre. Tout dépend de la façon de s'en servir. Si vous gagnez beaucoup et que vous en profitez pour aider aussi les autres, votre argent est utilisé de façon positive.
Alors, pourquoi vous en priver ? Selon vous, pourquoi certaines personnes gagnent-elles beaucoup d'argent très facilement ? Tout simplement parce qu'elles se sont libérés de ces blocages. Elles ont fait abstraction de ces idées reçues ou elles ont

libéré leur inconscient de cette « pollution anti argent ». Imaginez après un nettoyage de votre subconscient la nouvelle direction que pourrait prendre votre vie dans les prochains jours. Plus de barrières, plus de peurs, ni de honte de gagner librement d'abord de petites et puis de très grosses sommes. C'est pour vous la possibilité de vivre enfin aisément sans craindre de manquer d'argent. Oui, ceux qui se sont enrichis en partant de rien le savent: Le bonheur de ne plus avoir à calculer ou à vous serrer la ceinture pour arriver à la fin du mois, commence par ce travail à faire sur vous même !... Guérissez vos relations avec l'argent, aimez-le sans l'adorer ni en faire une obsession. C'est une étape clé dans le processus de votre enrichissement.

2) ***Identifiez bien votre vrai Potentiel.***

Pour réussir en quoi que ce soit, vous avez d'abord besoin de savoir si vous avez le bon potentiel pour atteindre facilement votre but. Par exemple, si vous voulez être un chanteur solo, mais que vous n'avez que peu de capacités en chant, il vous sera probablement plus difficile de vivre le succès dans ce domaine. Cependant, si vous aimez travailler sur des voitures et que vous avez un talent réel pour fixer des moteurs et des transmissions. Si vous adorez le tunning. Si pour vous, le succès serait d'avoir votre propre garage, vous avez le potentiel pour atteindre bien plus facilement ce but.
En résumé, pour réussir beaucoup plus facilement, identifiez bien votre vrai potentiel naturel...

3)***Osez Rêver.***

Pour réussir, vous devez avoir des rêves et des aspirations. Soyez honnête avec vous-même quant à ce que vous voulez de la vie et à ce que vous voulez en faire. Permettez-vous de rêver et de viser haut ! Toute Invention, toute Réussite, toute Fortune commence toujours par le rêve d'un homme. Quel serait votre rêve le plus cher ? Notez-le et pensez-y souvent, le plus souvent possible...

4)***Investissez en vous-même.***

Qu'est-ce que cela veut dire ? Pour mieux vous l'expliquer, permettez-moi de vous livrer une citation :

« Chaque fois que nous étudions une carrière réussie, nous découvrons que l'homme qui a ce bonheur pense que tout a commencé le jour où il s'est mis à lire un livre d'édification et de perfectionnement. Ne sous-estimez jamais la portée d'un livre. Les livres sont des instruments qui vous donnent des inspirations, peuvent vous faire prendre une nouvelle voie, et illuminent les jours sombres. »

Cette citation a été faite par deux des plus brillants hommes d'affaires du siècle dernier. L'un, William Clément Stone est parti de rien. Il possédait l'une des plus grosses fortunes du monde. L'autre, est le célèbre Napoléon Hill. Son livre "Réfléchissez et Devenez riche", s'est vendu à plusieurs millions d'exemplaires dans le monde entier. Ces deux hommes savent donc de quoi ils parlent en matière de réussite. En ce qui me concerne, je connais personnellement plusieurs brillants hommes d'affaires partis de rien. Chacun a commencé par un premier livre de développement personnel. Mais quand on parle avec eux, on s'aperçoit qu'ils possèdent généralement plusieurs dizaines de livres dans leur bibliothèque !

Si vous voulez réussir, investissez en vous-même : lisez de bons livres de développement personnel. C'est le meilleur investissement que vous ferez de toute votre vie...

5) ***Il n'est jamais trop tard pour Réussir et Vous Enrichir.*** Je ne connais pas votre âge, et si vous êtes jeune tant mieux, car tous ses secrets vous aideront à réussir plus tôt que d'autres. Si vous êtes moins jeune, lisez ce qui suit très attentivement, car vous allez découvrir un peu plus loin un exemple époustouflant ! Certaines personnes s'imaginent que leur vie est plus ou moins ratée, si elles n'ont pas réussi avant 40 ans. Rien n'est plus faux ! Bon nombre de femmes et d'hommes n'ont commencé à réussir véritablement qu'à partir de 50 ans et plus... En voici quelques exemples, mais...

Attention : parce qu'ils sont connus, vous pouvez avoir l'impression qu'ils ont toujours réussie. Mais beaucoup ont eu des débuts difficiles parfois très difficiles...

Coco Chanel dans la couture. Jean-Sébastien Bach et Maurice Ravel dans la musique. Winston Churchill et Nelson Mandela dans la politique. La comtesse de Ségur dans l'écriture. Enzo Ferrari dans l'automobile. Henri Matisse dans la peinture. Alfred Hitchcock et Clint Eastwood en tant que réalisateur de cinéma. Auguste Rodin dans la sculpture.

Sœur Emmanuelle dans l'humanitaire.

Ils sont trop nombreux pour pouvoir les citer tous ici. Même les gens qui ont eu une vie « normale » jusqu'à un âge avancé, peuvent connaître une réussite des plus brillantes. L'un des exemples les plus étonnants que je connaisse, est celui d'un homme de 78 ans qui était en maison de retraite. Sa vie commença à changer, quand son partenaire habituel au jeu d'échecs fut souffrant pendant plusieurs semaines. Harry dut alors se trouver une autre activité. C'est à ce moment qu'il se découvrit un talent méconnu qui le rendit riche et célèbre. Célèbre au point qu'il signait encore un juteux contrat à l'âge de 100 ans. Cette histoire étonnante est absolument authentique. Ce que je vous demande de retenir aujourd'hui, c'est que quel que soit votre âge, il n'est jamais trop tard : Ni pour Réussir, ni pour vous Enrichir...

6) ***Pour Réussir plus facilement, maîtrisez le Pouvoir des Mots.***
Nous vivons à une époque où la communication est reine. De nos jours, connaître les secrets d'une communication efficace est indispensable pour réussir plus facilement. Même dans la vie courante, chaque jour, vous communiquez : Pour convaincre quelqu'un d'aller voir un film plutôt qu'un autre, vous communiquez. Pour réclamer le remboursement de quelque chose qui ne vous convient pas, vous communiquez Pour réclamer un droit qui vous est dû, vous communiquez. Dans un entretien d'embauche, vous communiquez pour vous « vendre » le mieux possible. Si vous avez un job commercial, une bonne communication est indispensable au succès. Si vous êtes intéressés par le sujet, je vous reparlerai un de ces jours prochains d'une technique de communication tout simplement redoutable, tant elle est efficace. En de multiples circonstances, elle peut vous obtenir ce que vous n'obtiendriez pas autrement. C'est l'un des nombreux avantages de cette technique de persuasion écrite : elle est à la fois douce, saine et surtout, presque irrésistible...

Maîtriser cette technique, c'est savoir écrire des lettres qui ont le réel « pouvoir de convaincre » vos interlocuteurs !...

Son efficacité peut être redoutable dans de nombreux domaines : Régler les litiges avec un voisin, avec votre banque, Eviter de payer certaines amendes, Imposer votre volonté pour avoir gain de cause dans vos réclamations, Obtenir des signatures pour une pétition, Décrocher des subventions pour une association, Défendre une cause qui vous est chère, Lever des fonds pour une œuvre humanitaire, pour un parti politique, Générer des profits étonnants dans un commerce ou le e-commerce...

Un simple coiffeur a pu monter une entreprise et être côté en bourse, grâce à une simple lettre écrite grâce à cette technique ! La liste de ce que vous pouvez obtenir est presque infinie...

Alors, souvenez-vous... Pour Réussir plus facilement, maîtrisez le Pouvoir des Mots

7) ***Arrêtez de vous Plaindre, la Fortune vous attend peut-être arrière, Ce que vous maudissez!...***

Vous pensez qu'il n'y a aucun rapport entre le fait de vous plaindre et le succès ? Pourtant ces deux éléments sont intimement liés. Lorsque vous passez du temps à vous plaindre à propos des obstacles qui se dressent sur votre chemin, vous gaspillez votre temps et votre énergie inutilement. De plus, vous entretenez des pensées négatives qui vous nuiront. Ces pensées négatives vous empêcheront d'avancer, de saisir les chances qui se présentent à vous, de vous réaliser et d'être actif. Au lieu de voir les défis comme étant des problèmes, percevez-les comme des opportunités à saisir. Savez-vous comment de nombreuses fortunes se sont bâties ? Parce qu'un jour, quelqu'un a trouvé la solution d'un problème et a vendu cette bonne solution à des millions de gens qui avaient le même problème à résoudre ! Alors, à l'avenir, voyez les problèmes comme des chances de développer et d'exprimer pleinement vos potentialités. Votre prochain enrichissement se cache peut-être dans le prochain problème que vous résoudrez...

8) ***Ne regardez pas en arrière.***

Toutes les personnes qui ont réussi, ont vécu des échecs ou des erreurs dans leur passé. Pour vivre le succès, vous devez apprendre de votre passé et évaluer ce que celui-ci a pu vous enseigner. Vous devez tirer des leçons de vie de vos moments difficiles. Voyez le passé comme une base sur laquelle vous construire et non un empêchement d'aller de l'avant. Continuez simplement à avancer et à faire de votre mieux, prenez les meilleures décisions dont vous êtes capables en prenant en considération votre expérience. Les erreurs ou échecs passés, sont finalement les meilleurs professeurs. Tirez les leçons de vos erreurs. Changez ce qui n'a pas marché et la prochaine fois ça marchera.

9) ***Changez vos habitudes Vous avez un choix dans la vie: accepter votre situation ou agir pour la changer !***

Si vous vous laissez couler en espérant simplement que quelque chose change pour le mieux vous risquez d'attendre longtemps. Souvenez vous toujours que lorsque vient le moment de changer vos habitudes vous seul pouvez et en avez le pouvoir. Par exemple, les femmes qui sont dans des situations abusives se sentent souvent contrôlées et impuissantes face à leur situation. Face à la possibilité de changer leur vie. Pourtant, elles ont le pouvoir de changer leur réalité quotidienne. Comme vous pouvez le faire vous aussi si vous vivez une situation qui vous est déplaisante. Identifiez les habitudes qui diminuent vos chances de succès et changez-les. Faites-le votre réussite en dépend en partie !...

10) ***Transformez vos points faibles en points forts.***

Chacun a des faiblesses. Aucun de nous n'est de naissance, brillant et voué au succès. Certains grands hommes paraissaient tout à fait quelconques à leurs débuts. Leur ascension vers le succès, commença lorsqu'ils se fixèrent des buts bien précis. Et aussi lorsqu'ils comprirent quelles capacités ils pouvaient développer en utilisant une bonne attitude mentale. Voici une histoire très édifiante à ce sujet:
C'est celle d'un petit garçon que ses maîtres jugeaient « imbécile, borné et stupide » Ce petit garçon passait des heures à dessiner, regardant autour de lui et écoutant ce qui se disait. Il possédait des « questions impossibles » Les autres enfants l'appelaient "l'âne" et il était habituellement le dernier de sa classe. Ce garçon, c'était Thomas Edison! Thomas Edison ne suivit l'école que pendant trois mois à peine. Tous disaient qu'il était stupide et pourtant il devint un homme instruit et fut un inventeur tout à fait exceptionnel. Cette transformation se fit à partir du jour où il décida de transformer ses points faibles en points forts. Il s'appliqua à réfléchir et à retourner les problèmes jusqu'à ce qu'il ait trouvé une solution efficace...

C'est ainsi qu'il fit ses inventions, qu'il réussit et qu'il s'enrichit... Que pouvez-vous retenir de cette histoire ?
Acceptez que vous deviez commencer par faire quelques efforts. Mais assez vite, vous constaterez que vos efforts vous donneront des résultats positifs et cela vous motivera pour la suite. Prenez des mesures pour transformer vos points faibles en Forces : vous réussirez et vous vous enrichirez !

11) ***Acceptez toujours vos responsabilités.***

Si vous prenez une mauvaise décision ou si vous échouez dans vos plans, vous devez en accepter la responsabilité. Acceptez que vous deviez réaliser certains événements marquants avant d'atteindre l'étape suivante, avant de franchir le pas suivant. Il se peut que vous soyez fatigués de travailler dur et de constater que ça prend quelques temps avant de voir des résultats concrets. Malgré tout ne vous découragez pas et continuez de faire tout ce que vous devez faire. Il est excellent que vous soyez persévérant, que votre fatigue n'affecte pas vos buts et vos responsabilités. Si vous n'avez pas fait ce que vous aviez à faire les mois passeront et vous serez loin d'avoir atteint les objectifs de votre programme. Ce retard fermera plusieurs portes et vous fera perdre diverses opportunités. Sincèrement qui serait alors à blâmer ? Personne ne peut agir à votre place pour Réussir... Au fond de vous, vous savez que vous pouvez le faire !...

12) ***Soyez heureux et positif.***

Une attitude positive et heureuse, bref optimiste vous aidera à réussir. Il a été prouvé dans beaucoup d'études qu'une personne vivant dans un état d'esprit positif obtient généralement beaucoup plus de succès dans à peu près tout ce qu'elle fait. Cela démontre l'importance de l'attitude quant à la réussite. De même, une mauvaise attitude peut vous démolir, peut vous décourager. Une attitude optimiste est saine et elle vous aidera à rencontrer les objectifs de Réussite que vous vous êtes fixé

13) ***Ne prenez aucun raccourci.***

Quand vous voulez réussir, vous ne pouvez pas vous permettre de prendre des raccourcis. La prise de raccourcis (vouloir faire les choses au minimum) mène à l'imperfection et l'imperfection risque fort de vous mener à l'échec. Essayez toujours de faire de votre mieux : même si ce mieux exige de vous un peu plus de temps et d'efforts. Votre réussite en dépend.

14) Ayez du courage.

Si vous désirez atteindre vos objectifs personnels, vous aller devoir vous armer de courage et de persévérance pour les voir se concrétiser. Par exemple, vous rêvez de devenir auteur mais toute votre famille est dans le domaine de la médecine. Dans ce cas leur définition du succès risque fort d'être différente de la vôtre. Vous devrez avoir du courage pour défendre ce à quoi vous aspirez profondément. Vous devrez avoir du courage pour défendre ce que vous désirez faire pour réussir. Même et surtout, si cela signifie au moins provisoirement décevoir un peu votre famille... Alors soyez courageux et sachez défendre vos convictions profondes.

15) ***Soyez enthousiaste à l'idée d'apprendre.***

Pour se référer encore une fois à l'histoire de Thomas Edison, lorsqu'on lui demandait de parler des échecs qu'il a rencontrés dans sa jeunesse il affirmait : "Lorsque j'étais jeune homme et que je cherchais à inventer l'ampoule électrique, j'ai fait 10.000 essais infructueux. Je n'ai pas eu 9.999 échecs, mais j'ai découvert 9.999 façons de ne pas inventer l'ampoule" Tout un état d'esprit...

Quand vous travaillez vers votre objectif de succès, appréciez toujours les occasions d'apprendre. Même si l'aboutissement de votre projet prend plus de temps que vous l'auriez pensé.

16) ***Quand vous aurez Réussi, partagez votre Succès.***

Une fois vos objectifs de réussite atteints, la notion de partage prend toute son importance. Lorsque vous avez atteint le succès, utilisez votre expérience pour enseigner, guider et soutenir les autres. Ils pourront ainsi, un peu grâce à vous, vivre des succès à leur tour, et atteindre leurs buts. C'est ce que fit le Roi de l'acier aux Etats Unis, Andrew Carnegie lorsqu'il reçut un jeune homme de 18 ans venu l'interroger pour son journal... 20 ans après cette entrevue, le jeune homme devenait multi millionnaire en dollars alors qu'Andrew Carnegie ne lui avait pas donné un seul centime... Andrew Carnegie mourut à l'âge de 83 ans après avoir travaillé à partager sa fortune intelligemment entre ses contemporains. Notamment en créant de nombreuses fondations. Vous voyez que l'argent peut être utilisé de façon très positive. Au fait j'ai oublié de vous préciser que lorsqu'il émigra aux Etats Unis, Andrew Carnegie n'était qu'un petit Ecossais pauvre...
N'oubliez pas quand vous aurez Réussi, partagez votre Succès.

17) Surtout, protégez-vous des gens Toxiques.

Certaines personnes n'ayant pas le courage de travailler à leur propre réussite, jalousent celle des autres au lieu de l'admirer... Il serait agréable que tous vos amis et vos proches partagent votre succès, se réjouissent de votre réussite. Mais on se trouve hélas assez souvent confronté à la jalousie. Si cela se produit vous devriez éviter autant que possible ces envieux. Si vous souhaitez vraiment atteindre vos objectifs de réussite, attendez-vous à devoir éloigner certaines personnes de votre vie. S'il s'agit de quelqu'un que vous voyez chaque jour, gardez vos objectifs pour vous-même et évitez de parler de vos projets. Concentrez toute votre énergie sur votre réussite

18) Demandez des avis objectifs sur votre évolution.

Quels que soient vos objectifs de réussite, demandez à votre entourage une évaluation objective de vos progrès. Toutefois, attention: Vous pouvez demander à un ami, mais demandez de préférence, à quelqu'un qui connaît lui même la réussite. Demandez-lui un avis honnête sur votre évolution et votre façon d'accéder au succès. Ces avis honnêtes vous permettront de juger si vous vous y prenez de la meilleure façon. Ils vous aideront aussi à avoir de nouvelles bonnes idées.

19) Soyez un bon auditeur, soyez à l'écoute des autres.

Pour réussir, vous devez aussi apprendre à écouter. Prêtez attention à ceux qui ont des succès dans leur vie. Assistez à des séminaires donnés par des gens qui peuvent vous motiver et vous encourager. Savoir bien écouter prend du temps à apprendre, mais cela peut se révéler être l'un de vos meilleurs outil de succès.

20) Créez des liens avec des gens de votre domaine d'activité

Si vous souhaitez devenir auteur et réussir dans ce domaine, recherchez des personnes qui ont elles aussi réussi dans ce domaine et qui pourront vous guider et vous conseiller. Il est important que vous vous n'entouriez de personne comprenant votre désir de réussite et partageant votre passion. Elles pourront ainsi mieux vous soutenir vous conseiller et si nécessaire, vous encourager dans les moments difficiles. Surtout, pensez-y : Essayez de créer des liens avec un maximum de personnes de votre domaine d'activité

21) Créez-vous un bon plan.

Créer un bon plan d'affaire est une étape très importante, pour planifier votre avenir ou pour construire votre entreprise. Votre succès consiste à atteindre un but personnel et pas professionnel ?

Le moyen le plus sûr de l'atteindre est tout de même de vous bâtir un plan présentant vous objective étape après étape. Vous voulez bâtir votre propre affaire ? Que vous recherchiez des investisseurs ou pas, un bon plan représentera les étapes qui vous mèneront au succès. Ce plan d'affaire consistera en une prise en compte des tendances du marché. Une planification financière. Une analyse de vos compétiteurs. L'élaboration de stratégies de mise en marché. Une organisation du marketing et des offres promotionnelles. Bref, un bon plan consiste à prévoir tout ce qui vous permettra d'atteindre vos buts professionnels. Lorsque vous irez rencontrer un investisseur ou un banquier, vous aurez absolument besoin de présenter votre plan d'affaire. Celui-ci est le document le plus important d'entre tous pour atteindre plus facilement vos objectifs.

22) Ne renoncez jamais.

Pour atteindre le succès, vous devez persévérer.

Même Thomas Edison a dû l'apprendre. Quand il créa l'ampoule incandescente, il lui a fallu 10.000 essais pour y parvenir. Mais cette invention à été l'un des éléments clés qui lui ont permis de faire fortune. Que serait-il passé s'il avait abandonné au bout de 100 ou 200 essais ou même 9.999? Alors continuez à lutter même lorsque cela représente pour vous un véritable défi. La persévérance est vraiment l'un des éléments majeurs dans toute réussite... Si tous ceux qui ont réussi le disent, ce n'est pas par hasard !

23) Demeurez Motivé.

Au cours de votre cheminement vers le succès, il est important de rester motivé. Inspirez-vous, trouvez des sources de motivation dans des enregistrements, des séminaires, des livres, des films. Quoi que ce soit, pourvu que cela vous permette de garder la tête haute. Lorsque vous commencez à vous sentir un peu las, un peu déprimé et que le doute commence à vous ronger, tournez-vous vers ces outils de motivation qui vous aideront à poursuivre votre chemin. Il existe pour cela quelques spécialistes de la motivation, de l'encouragement qui sont réputés comme étant excellents.

24) Vous avez le droit à l'erreur.

Rester déterminé est important, mais ne soyez pas trop dur envers vous même. Ne critiquez pas trop sévèrement chacun de vos actes ou chacune de vos décisions. Autorisez-vous une marge d'erreurs et ne soyez pas trop exigeant avec vous-même. Personne ne réussit tout à 100

%. Une erreur est une expérience souvent très utile. Grâce à cette expérience, vous savez quelles erreurs vous avez faites Vous saurez ainsi comment les éviter à l'avenir. Et puis ne l'oubliez pas de nombreuses grandes inventions sont nées à la suite d'erreurs... Alors, si vous avez fait une erreur, au lieu de vous en vouloir, cherchez plutôt comment cette expérience peut vous être utile.

25) Soyez Passionné.

Même si cela vous semble curieux, vous devez avoir une passion intime avec vos intérêts. En ayant la passion pour ce que vous faites et pour le chemin que vous vous apprêtez à parcourir, vous y mettez automatiquement et facilement plus d'efforts. La passion est une bonne chose tant que cela ne devient pas de l'obsession démesurée. Passionnez-vous pour ce que vous faites.

26) Ne faites pas de concession.

Si vous avez comme but de devenir un chef cuisinier de renommée mondiale donnez-vous les moyens d'y arriver. Si vous sentez que vous avez en vous autant le désir que l'habileté nécessaire, n'acceptez pas de rester un cuisinier de second ordre dans votre restaurant de quartier. Même si cela peut être formateur pendant un temps de rester dans un poste subalterne, ne perdez jamais de vue votre but suprême. N'oubliez pas : si vous sentez que vous avez à la fois le désir et l'habileté nécessaire, c'est que vous pouvez atteindre votre but !...

27) Ne vous trouvez pas d'excuse.

Beaucoup d'acteurs d'artistes, d'inventeurs, etc. devenus célèbres, avaient des défis, des buts qui leur semblaient inaccessibles. Pourquoi ? Parce qu'ils étaient limités par des difficultés d'apprentissage ou des handicaps physiques. Si vous faites face à un défi spécial pour vous, vous devrez ajuster des choses de temps en temps, mais n'utilisez pas d'excuses. Si vous désirez vraiment quelque chose, vous trouverez une voie malgré vos problèmes personnels ! Trouvez-vous des motivations et pas des excuses...

28) *Surmontez votre crainte de vivre des échecs.*

Avoir peur de l'échec est une émotion normale pour tout le monde. La façon dont vous arriverez à surmonter cette crainte est le facteur déterminant entre l'échec et le succès. Vous pouvez le faire en vous fixant des buts réalistes et en les examinant ensuite de temps en temps pour faire les réajustements nécessaires. Par dessus tout, croyez en vous et en vos désirs. Il n'y a jamais de véritables échecs, il n'y a que des erreurs qui vous ont donné un mauvais résultat...

29) Soyez patient

Atteindre le succès prend du temps. Un but élevé que vous vous êtes fixé prendra du temps pour être réalisé. Soyez patient avec vous-même, avec votre entourage et avec le processus que vous devez traverser pour réussir. Acceptez de gravir un à un les échelons du succès. Prenez par exemple un chef scénariste, cela lui prendra du temps avant de devenir le directeur de la production. Suivez votre expérience et créez votre succès en apprenant et en travaillant dur pour atteindre l'échelon supérieur. Souvenez-vous du proverbe : patience et longueur de temps font mieux que force ni que rage... Soyez patient

30) Gérez votre temps

Pour atteindre le succès il est nécessaire de vous organiser, de vous faire un emploi du temps. Cela vous aidera à déterminer quel est le temps nécessaire pour accomplir une tâche et identifier le temps passé en trop. La bonne organisation de votre temps et la gestion de vos ressources vous aideront à utiliser votre temps sagement et à ne pas vous épuiser inutilement. Gérez votre temps et organisez vous bien, vous multiplierez votre efficacité.

31) ***Créez des occasions.***

Au lieu d'attendre que des occasions se présentent à vous, que des opportunités vous soient offertes, trouvez-les, créez-les. Pour cela informez-vous, lisez les journaux, regardez ce qui se passe sur internet aux USA par exemple. Les gens qui ont atteint la réussite vous diront qu'il faut constamment chercher à saisir des occasions. Il ne faut pas attendre que les occasions viennent frapper à votre porte car cela ne se produit que très rarement.

32) Ayez une bonne attitude.

Avoir une bonne attitude face au succès devrait être pour vous, une priorité. Demeurez positif et entourez-vous d'amis qui partagent une attitude positive, ceux-ci vous aideront à réussir. Ne permettez pas aux pensées négatives de vous envahir Kader. Suivez des formations de motivation et trouvez des façons d'embellir votre vie, de profiter au maximum de celle-ci. Une bonne attitude vous permettra de transformer n'importe quelle mauvaise situation en une occasion d'apprentissage. Vous avez probablement déjà entendu l'affirmation suivante : "le verre est à moitié plein ou à moitié vide selon les gens." Partez du principe que pour vous, en toute situation, le verre sera toujours à moitié plein. À cette pensée vous vous sentirez mieux et vous aurez plus d'énergie. Au fil du temps, vous constaterez qu'il vous sera toujours plus facile de profiter de plein d'opportunités. Ces opportunités vous permettront d'atteindre la réussite dont vous rêvez.

33) ***Soyez reconnaissant.***

Il est facile d'être reconnaissant envers la vie, lorsque nous vivons une situation de réussite. Mais soyez-le aussi pour vos échecs si cela vous arrive, car on apprend souvent beaucoup plus d'un échec. Il n'y a pas d'échec définitif. Ce qu'on appelle un échec est le résultat de certaines erreurs. Apprenez de vos erreurs, rectifiez-les et vous aurez des résultats différents Avoir une attitude reconnaissante envers la vie et les expériences qui vous font grandir est important. Cela vous aidera à rester humble et à continuer à persévérer pour atteindre des réussites de plus en plus grandes.

34) ***Tenez un Journal.***

Il est important de savoir prendre du recul par rapport à votre cheminement vers le succès. Vous devez être capable de comprendre clairement les raisons de vos réussites. Commencez un journal et notez chaque chose que vous avez réussie. Si un jour vous ressentez du découragement, de la frustration, regardez tout ce que vous avez déjà réalisé par le passé Cela vous donnera un regain d'énergie et vous repartirez de plus belle vers de nouveaux succès.

35) ***Récompensez-vous.***

Quand les enfants font quelque chose de bien, les parents les récompensent avec quelque chose d'agréable, un mot gentil d'encouragement ou un nouveau jouet. Lorsque les gens réussissent au travail, ils obtiennent des augmentations. Alors, vous aussi, lorsque vous vous surpassez, ou que vous avez eu de bon résultats offrez-vous quelque chose d'agréable. Offrez-vous toujours une récompense pour un travail bien fait. Vous le méritez.

36) ***Protégez-vous des profiteurs.***

Si vous venez de démarrer une affaire ou que vous travaillez à l'expansion de votre entreprise, il est possible que certaines personnes tentent de profiter de votre réussite, et surtout de votre argent. Alors, attention : si quelque chose vous paraît vraiment trop beau pour être vrai, CA L'EST SUREMENT ! Par précaution, faites toujours une recherche minutieuse et ne sautez jamais trop hâtivement sur des occasions en apparence trop parfaites. Si quelqu'un devient trop insistant et vous pousse à prendre une décision pour investir rapidement, ne vous éloignez pas simplement... FUYEZ ! C'est bien sûr une image pour vous inciter à la prudence.

37) Concentrez vos énergies sur les grands obstacles.

Sur votre chemin vers le succès, vous rencontrerez aussi bien de grands obstacles que des petits. Choisissez vos batailles sagement. Lorsque que vous devez résoudre les petits problèmes, ne vous attardez pas et ne perdez pas le temps précieux et l'énergie que vous devriez concentrer sur de plus grands problèmes. Autrement dit, ne permettez pas aux petites choses d'encombrer votre esprit et de monopoliser inutilement votre temps.

38) ***Faites de votre mieux chaque jour.***

Essayez de vivre chaque jour comme s'il était votre dernier jour. Profitez de chaque jour pour accomplir quelque chose qui vous rapprochera de l'un de vos objectifs. Même si c'est quelque chose qui vous semble petit, faites-le. Chaque étape du développement d'un enfant, le mène vers le succès, vers le développement de son plein potentiel. De même, chaque petit pas, aussi infime soit-il, vous mène vers vos buts... Alors, chaque jour, fais du mieux que vous pouvez.

39) ***Faites de votre chemin vers le succès une formidable aventure.***

Regardez chaque angle de votre voyage vers la réussite comme une aventure passionnante. Souvenez-vous de vos années d'enfance, vous avez aimé découvrir l'inconnu. Portez ce souvenir avec vous afin de persévérer vers le succès. Prévoyez le plaisir que vous aurez lors de chacune de vos réalisations. Faites de votre chemin vers le succès une vraie aventure de vie.

40) ***Ne négligez pas les détails.***

Ne négligez surtout pas les choses qui vous paraissent petites et qui ne semblent pas avoir un impact important sur l'ensemble de vos réalisations. Achevez vos tâches, elles font partie d'un ensemble, d'un projet global. Toutes ces petites choses négligées peuvent rapidement se transformer en un grand désordre si vous n'agissez de façon responsable et efficace... Soignez aussi les détails qui vous donneront une image de professionnel compétent et efficace.

41) ***Ne soyez pas avare d'éloges.***

Si vous avez des gens qui vous aident, bénévolement ou en tant que salariés, employés à plein temps ou à temps partiel, complimentez-les, soyez reconnaissant, félicitez-les. Ces personnes sont une partie importante de votre succès. En leur montrant de la gratitude en retour de leur dévouement, ils seront encore plus heureux de travailler pour vous. Ils vous aideront à atteindre votre but, donc, ils vous aideront à réussir. Cela mérite bien des compliments n'est-ce pas ?

42) ***Fixez des buts quotidiens.***

Prenez l'habitude de vous fixer des buts quotidiens. Cela vous permet de mieux visualiser ce que vous avez fait, ce que vous avez réussi et vous aidera à rester motivé. Ces buts peuvent être simples comme par exemple : passer un appel téléphonique ou écrire une lettre. Quelle que soit la tâche prévue, elle doit être faite. Cette petite discipline vous aidera à mieux percevoir chacune des étapes que vous avez franchies, et vous poussera à avancer sur le chemin du succès. Fixez-vous des mini buts.

43) ***Collaborez avec d'autres.***

A certains moments vous constaterez que vous n'avez pas l'expérience nécessaire pour accomplir certaines choses. Vous devrez alors vous associer à plus expérimenté que vous, ou consulter différents avis. Ces avis peuvent vous fournir de précieux conseils et l'appui ou l'encouragement dont vous aurez besoin à ce moment. Souvenez vous personne ne réussit vraiment seul. Un jour prochain, c'est vous qui aiderez ceux qui auront besoin de votre expérience...

44) ***Si vous êtes dans les affaires soyez au service de vos clients.***

Gardez toujours un bon contact avec vos clients. S'ils ont un problème, montrez leur votre entière disponibilité. Offrez leur votre écoute et traitez-les avec tout le respect qu'ils méritent. Faites le nécessaire pour répondre le mieux possible à leurs attentes et à leurs besoins. Vos clients sentiront que vous êtes là pour eux et que vous prenez soin de leurs affaires. Cette relation de confiance est ce qui vous maintiendra sur la route du succès. Trop de gens oublient que le client est le lien entre l'échec et le succès. Vous, vous le savez. Ne l'oubliez jamais... Et en dehors des affaires, pensez à tous les domaines dans lesquels ce principe peut s'appliquer.

45) Prenez le temps de faire le point de vous réajuster.

Occasionnellement, réfléchissez sur ce que vous avez accompli et sur les événements marquants que vous avez rencontrés. Assurez- vous que vous êtes toujours dans la bonne direction, celle qui vous permettra d'atteindre vos buts. Se réajuster afin d'atteindre vos objectifs est tout à fait normal et même souhaitable. Vous arrive-t-il de lutter régulièrement pour quelque chose de spécifique. Plutôt que de continuer à lutter contre ce problème, prenez le temps de réfléchir. Qu'est-ce qui n'a pas fonctionné ? Pourquoi ? D'où vient ce blocage ? Est-il mental ? Posez-vous des questions et tentez de vous réajuster au plus vite Vous ne devriez pas continuer à lutter pour les mêmes choses à plusieurs reprises. Cela voudrait dire que vous ne tenez pas assez compte des leçons que la vie vous donne. Plus vite vous en tiendrez compte plus facilement vous avancerez...

46) ***Acceptez vos responsabilités quoi qu'il arrive.***

Vous et vous seulement êtes responsables de votre succès. Bien que vous bénéficierez d'aides diverses dans de nombreux cas, rappelez-vous que c'est vous qui êtes responsable. Pour réussir, vous devez savoir vous entourer des bonnes personnes. C'est vous qui ferez les choix et donc il est de votre ressort de faire les choix justes. Si un problème survient de la part de l'une de ces personnes, vous avez votre part de responsabilité. Ce sera le moment de montrer l'exemple. Montrez que votre désir de réussir et votre "vision" des choses sont plus grands que n'importe quel obstacle qui se dresse sur votre chemin. Vous pouvez le faire.

47) ***Voici un autre moyen de donner et donc de recevoir.***

Et si vous vous impliquiez dans une association ? Et si vous participiez à des réunions qui concernent votre ville ou la chambre locale de commerce ou encore un club service ? (genre Lyons Club, Kywanis etc.) Vous pourriez être agréablement surpris par les occasions d'appui que vous pouvez y obtenir. Participer activement à la vie d'une communauté de votre choix, c'est l'occasion de vous faire de nouveaux amis. Des amis que vous pourrez aider grâce à vos compétences et qui seront heureux de vous aider à leur tour. De nouvelles idées d'affaires naissent souvent grâce aux contacts créés au sein d'associations... Pensez-y et faites ce que votre cœur vous dit de faire

48) ***Vous pouvez vous enrichir, même en commençant avec un salaire modeste.***

Depuis que vous recevez ces secrets, peut-être vous dites-vous des choses qui ressemblent à ceci: Je ne suis qu'un simple employé, ou je n'ai qu'un salaire modeste, puis-je vraiment m'enrichir ? Permettez à Napoléon Hill et William Stone qui tous deux ont fait fortune en partant de strictement rien de vous répondre en vous raconter une histoire... « Vous aussi, vous pouvez devenir suffisamment riche, pour vivre en toute sécurité. Malgré ce que vous pensez, vous pourriez même devenir très riche Voici l'histoire de M. Osborne qui n'était qu'un simple salarié et devint finalement très riche... Le principe qu'il utilisa est à la fois simple et efficace à condition de l'appliquer VRAIMENT. Il tient en quelques mots. C'est en lisant une ancienne légende, celle d'un homme modeste qui devint l'Homme le plus riche de Babylone, que M. Osborne découvrit qu'on pouvait devenir riche en trois étapes :

1) Economiser 50 centimes sur chaque billet de 5 euros.
2) Investir judicieusement ces économies tous les 6 mois, ce qui vous rapporte année après année un intérêt composé.
3) Prendre l'avis d'un expert pour faire des placements sûrs, afin de ne pas risquer de perdre capital et intérêts. C'est exactement ainsi que procéda M. Osborne. Pensez-y !

Vous pouvez connaître la sécurité financière et vous enrichir en économisant simplement 50 centimes sur chaque billet de 5 euros, et en les plaçant judicieusement. Si cela vous semble difficile nous y reviendrons dans les prochains secrets. La deuxième façon de vous enrichir est complémentaire à celle-ci, car elle consiste à chercher à gagner plus. Mais si vous gagnez plus et que vous dépensez tout ce que vous gagnez, vous ne pourrez JAMAIS vous enrichir... Alors, quand commencerez-vous à faire comme Monsieur Osborne ? Faites-le maintenant !

49) ***Désendettez-vous au maximum.***

Savez-vous pourquoi la plupart des gens ne s'enrichissent pas? Parce qu'ils veulent paraître riches avant de l'être vraiment. Et cela leur coûte très cher, car ils enrichissent leur banquier et les organismes de crédit... Vouloir paraître riche avant de l'être vraiment, amène à acheter des choses qui ne sont pas toujours indispensables. Voire dans certains cas inutiles. Les accumulations de petits crédits, de découverts bancaires autorisés etc. coûtent une fortune en intérêts. Alors, prenez du temps pour réfléchir à la façon de vous libérer de vos dettes, et en particulier de vos cartes de petits crédits si vous en avez. Pour pouvoir économiser 50 centimes sur chaque billet de 5, reprenez vos comptes. Ensuite faites la chasse à la moindre dépense inutile. Faites le sérieusement en considérant que cet argent économisé, c'est pour vous payer vous même. Vous avez de la valeur ! Vous avez le droit et le devoir de vous payer 10% sur ce que vous touchez. La prochaine fois, commencez par prélever 10% sur ce que vous touchez et mettez-les de côté en vous payant vous même. Puis, changez vos habitudes en vivant avec les 90 %

qui vous restent. Tous ceux qui l'ont fait avant vous, vous diront que cela surprend au début, mais que l'on prend vite l'habitude. Ces économies sont votre tranquillité d'esprit. Vous vous sentirez bien mieux si vous savez que vous avez un peu plus d'argent de côté chaque mois. De plus, avoir des finances saines, c'est particulièrement important si vous avez à rechercher un financement. Ceci, pour parvenir à réaliser vos objectifs et pour continuer votre chemin sur la voie du succès.

CONCLUSION :

Le but ici est d'apprendre aux uns et aux autres à entreprendre. Nous souhaiterions aussi avoir chez nous des biographies qui s'arrachent et qui font cas d'école comme la biographie de COLIN POWEL (le fils du Bronx) 1er Noir à être Chef d'Etat Major des Etats-Unis. Celui de Barack OBAMA 1er Président Noir des Etats-Unis et plein d'autres biographies, nous ne saurions les cités tous. Mais nous n'oublierons pas de sitôt la biographie de Jack WELCH (ma vie de patron) l'illustre patron de General Electric désormais à la retraite. Il aussi été patron de la General Motors une entreprise dont le chiffre d'affaire est égal au produit National brut de la France. Le bénéfice net annuel est égal au produit intérieur brut d'un pays comme la Hollande et l'effectif du personnel est égal à la population de la Nouvelle Zélande. C'est un modèle de patron pour les dirigeants Européens qui ont dévoré ses mémoires et s'inspirent de ses méthodes concernant l'évaluation des hommes.

Lorsqu'on fait le management, on n'a pas d'état d'âme et on a beaucoup de charisme :

- Fidélisation aux plus proches conseillers selon Bernard Arnault Patron de LVMH il s'accroche toujours à Pierre GODE 60 ans agrégé de droit. C'est à son intuition qu'Arnault fait ses premiers pas.
- Pas de démocratie dans l'entreprise selon OWEN JONES PDG de Oréal. « Mon premier job c'est trouver les bonnes personnes pour chaque poste et les coacher pour qu'elles remplissent leur mission ».

- Mettre la pression tant qu'on n'a pas gain de cause selon lauvergeon PDG Areva : « un patron doit accepter de ne pas être aimé par tout le monde ».
- Avoir l'âge de l'improvisation selon Bruno Bonnell PDG de Atari.
- Aller sur le terrain sans prévenir, convoqué ses collaborateurs même le Dimanche bref un management à la dure selon Thierry BRETON patron de France TELE.COM.
- Les patrons sont des hyperactifs increvables.

Pourquoi certains réussissent ? Pour percer ce secret nous sommes entrés dans son intimité : vie quotidienne, Principe de gestion, bref il nous a tout dit.

Il serait tout simplement souhaitable à chacun de visiter tous les quartiers de Bahock où il a vécu et de refaire la route Bahock Douala comme lui il y a de cela plusieurs décennies. Pour admirer le paysage et s'imaginer ce que cela pouvait être il y a de cela plu sieurs années.

Puisse le Seigneur Jésus Christ lui donner assez de force pour tenir le plus longtemps possible.

SOMMAIRE

Printed by Books on Demand GmbH, Norderstedt / Germany